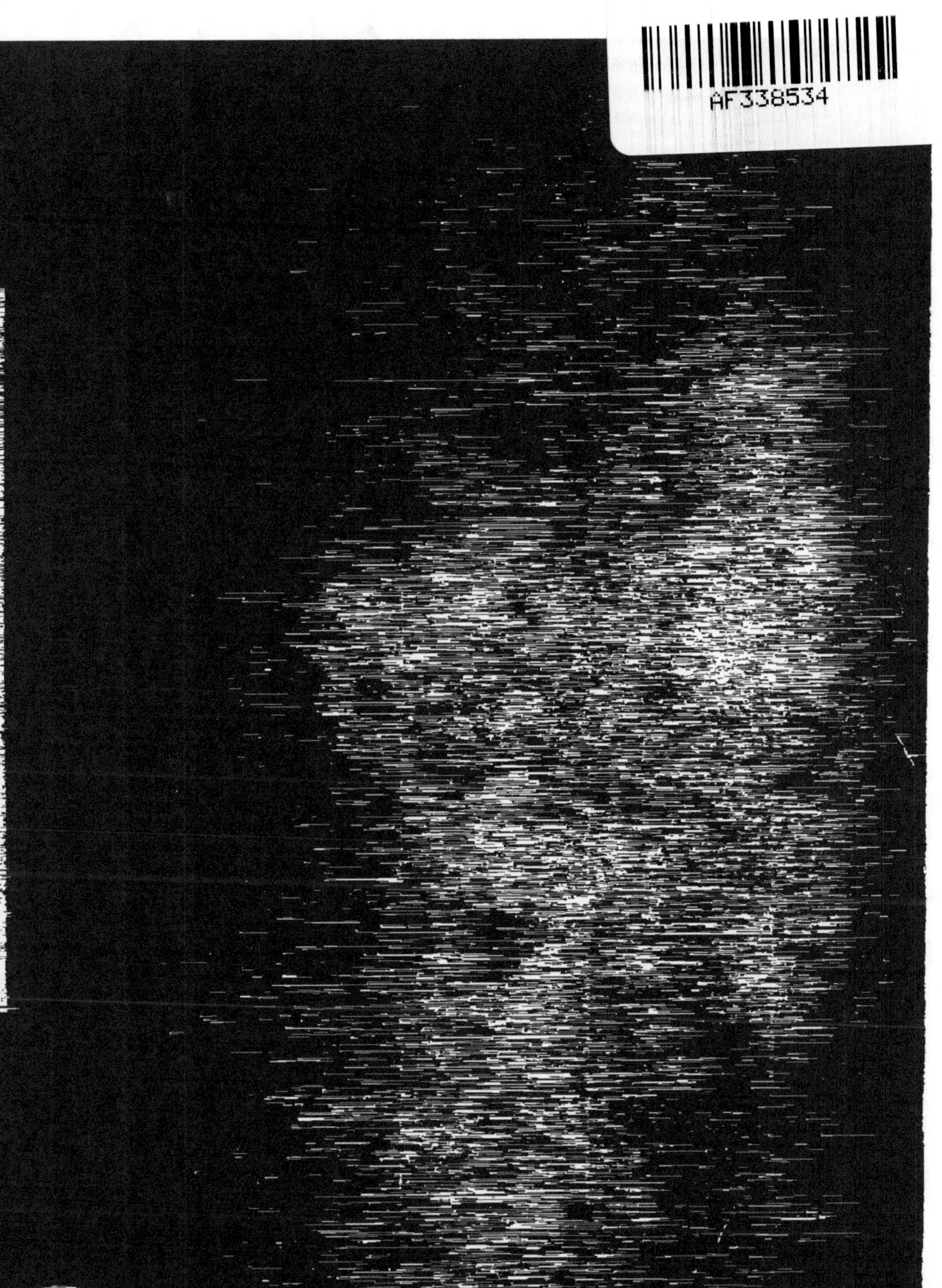

ÉTUDE COMPARATIVE

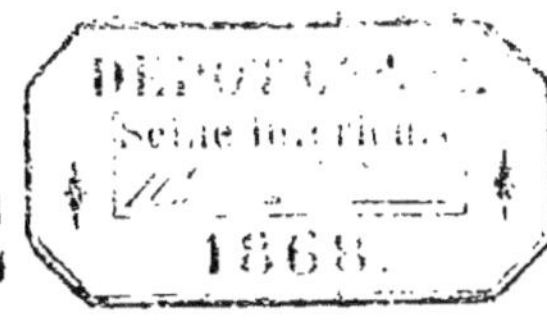

BROUSSAIS ET LAËNNEC

Par le Docteur Ad. LECADRE

Président de la Société Impériale Havraise d'Études diverses,
Membre correspondant de l'Académie Impériale de Médecine, etc., etc.
Chevalier de la Légion-d'Honneur

HAVRE

IMPRIMERIE LEPELLETIER

1868

ÉTUDE COMPARATIVE

BROUSSAIS ET LAËNNEC

Quel spectacle de voir et d'étudier ces deux
hommes et d'apprendre de chacun d'eux toute l'es-
time que méritait l'autre.

(BOSSUET, *Orais. funèb.*).

La grande époque de 1820 à 1840, qui vit naître et briller
tant d'orateurs illustres, tant d'historiens profonds, tant de
peintres distingués, tant de poëtes qui font encore nos délices,
malgré le long intervalle de temps, si rempli de péripéties de
tous les genres qui nous séparent de ce règne de célébrités,
devait avoir également un reflet puissant dans le camp médical. Jamais, à aucune époque, on n'avait remarqué de chi-
rurgiens plus habiles, de médecins plus laborieux et plus
érudits ; l'esprit d'observation porté plus loin, le goût des
recherches plus répandu, le désir d'innover plus général.
Dans ce temps-là, tous ceux qui à des connaissances acquises
savaient joindre un peu de ce feu sacré qu'on appelle l'inspi-
ration, s'évertuaient à la recherche de quelques signes nou-
veaux pour perfectionner le diagnostic, de quelqu'autre
moyen afin de modifier ou perfectionner la thérapeutique ; se
consumaient pour parer de nouveau l'art médical, pour en

faire une science toute neuve et lui enlever les quelques langes qui lui restaient encore du siècle dernier. Parmi ces hommes, deux surtout se firent remarquer. L'un ne voulut rien moins que révolutionner la médecine tout entière, l'autre, moins hardi, peut-être moins audacieux, en faisant parler la poitrine du patient, imprimait une lumière qu'on ignorait jusque-là dans le diagnostic des affections du poumon. Broussais et Laënnec, ces deux fiers contemporains, exercèrent leur art sur le même théâtre avec le même succès, furent rivaux, furent souvent même opposés l'un à l'autre. Et cependant jamais hommes ne présentèrent plus de traits de ressemblance, jamais étude comparative ne fut mieux indiquée que celle qu'on peut faire entre ces deux brillants génies. Dans les années qui précédèrent mon doctorat, je m'étais approché de ces deux hommes éminents, j'avais assisté à leurs savantes leçons, j'avais suivi leur grande et profitable clinique; depuis, à plusieurs reprises j'avais lu avec avidité les ouvrages qu'ils nous ont laissés ; je pensai donc que j'avais une tâche à remplir et je résolus de tracer une sorte de parallèle entr'eux. Mais jugez du désappointement qui m'arriva inopinément. En lisant encore une fois, afin d'y trouver quelques traits qui pouvaient m'être inconnus, l'éloge de Broussais prononcé à l'Académie de Médecine, dans sa séance publique annuelle du 5 Décembre 1848, je m'aperçus qu'une plume autrement autorisée que la mienne, celle de M. Dubois (d'Amiens), le Secrétaire perpétuel de cette académie, ayant eu cette idée avant moi, avait déjà tenté un bout de parallèle entre ces deux génies qui, suivant l'expression heureuse de ce disert académicien, se sont heurtés dans le chemin de la science.

Nihil novi sub sole. C'est un axiôme vrai depuis Salomon et qui le sera toujours. Je fus encore une fois obligé de me soumettre à sa dure loi. Mais comme l'essai de M. Dubois d'Amiens n'était qu'une ébauche, qu'il manquait d'étendue, qu'il avait surtout en vue le mode vulgarisateur de la science, adopté différemment par ces deux vigoureux champions ; que d'ailleurs c'était un parallèle et non une étude comparative et raisonnée, je pensai qu'il me restait beaucoup à dire et qu'en faisant d'un côté descendre un instant Broussais et Laënnec du piédestal où ils sont posés pour les prendre au déshabillé, de l'autre en les rétablissant à leur place, avec leur robe de professeurs, je pouvais me risquer à parler d'eux, et je me dis, à l'instar du grand portraitiste Thomas, que ce serait un spectacle intéressant de rapprocher ces deux hommes célèbres qui font époque dans notre histoire médicale.

François-Joseph-Victor Broussais avait vu le jour à St-Malo le 17 Décembre 1772. René-Théodore-Hyacinthe Laënnec à Quimper, le 17 Février 1781. Tous deux étaient donc Bretons, nés seulement à neuf ans de distance dans deux localités de cette vieille Armorique, que séparent quatre-vingts kilomètres au plus. Tous deux eurent des hommes de l'art pour guider leurs premiers pas. Le père de Broussais était médecin. Celui de Laënnec était un homme de talent ; un poëte ; mais il lui manquait une qualité précieuse, celle de savoir diriger sa conduite. Incapable de suivre l'éducation de ses fils, il chargea de ce soin son frère qui était médecin à Nantes, et qui les éleva comme ses propres enfants. Au début de mes études médicales, j'ai suivi à l'hôpital de cette dernière ville les visites de cet excellent oncle. C'était un médecin de la vieille roche, bon, mais un peu brusque, parlant par sentences, d'une érudition profonde, ayant dans les cases de son cerveau, tout son Horace, tout son Virgile, tout son Ovide, et, à brûle pourpoint vous en récitant des tirades à faire rougir des humanitaires beaucoup plus jeunes, mais non doués comme lui de cette grande facilité. De ses fils, deux devinrent médecins, Ambroise et Mériadec Laënnec qui vit encore. Ambroise est mort, mais il existe dans la personne de son fils exerçant à Nantes en ce moment avec une grande distinction, et qui tout nouvellement vient d'être nommé professeur d'anatomie et de physiologie à l'école de médecine du département de la Loire-Inférieure.

Qu'on me pardonne en faveur de l'oncle Laënnec cette

courte digression, motivée par un de ces souvenirs de jeunesse, si bons, si chers et qui reviennent si souvent, lorsque les cheveux commencent à blanchir.

Avec entraînement, au reste, je m'empresse de revenir à mes deux célébrités. Ils furent peu fleuris les sentiers que l'un et l'autre parcoururent dans leur enfance. Franchin, c'était ainsi qu'on appelait le jeune François Broussais, dont le père était allé exercer la médecine à Pleurtuit, village situé sur le bord de la mer, portait tous les soirs, chevauchant à travers les landes et les bruyères, portait, dis-je, les drogues aux malades que son père avait visités dans la journée. Il rentrait souvent, le soir fort tard, harassé de fatigue et la plupart du temps, au lieu d'être plaint, il ne rencontrait que des remontrances de la part d'une famille dans laquelle la douceur et la sensibilité n'étaient pas de mise tous les jours. René, attaché aux pas de son oncle, lorsque la ville de Nantes était sous le poids de la terreur la plus profonde, cernée par les troupes Royalistes, ravagée par le typhus, l'accompagnait partout, aussi bien en ville qu'aux hospices civils et militaires, et de tous les côtés il ne voyait qu'affliction, misère et désolation.

Malgré les tiraillements de cette première jeunesse, Broussais et Laënnec prirent néanmoins de bonne heure le goût de la bonne latinité. Franchin, déjà parfaitement préparé par son père, avait à peu près achevé son éducation au collège de Dinan ; passionné pour les auteurs latins, il orna sa mémoire de certains passages de ces auteurs qui ne le quittèrent jamais, et qu'il aimait à réciter. René, qui avait déjà reçu des leçons de son oncle, si capable de les donner bonnes, prit plus tard pour le latin, pour le grec, une affection toute particulière qu'il étendit à la langue bretonne, parlée dans son pays, et dont il fit une étude raisonnée. A cette époque de trouble et de guerre, surtout dans ces régions de l'Ouest, où les frères se battaient contre leurs frères, chacun devait acquitter sa dette envers la patrie. Aussi, tandis que Broussais combattait contre les chouans, comme soldat d'abord, comme sous-officier plus tard, Laënnec, comme jeune chirurgien, faisait, à la suite d'un régiment, partie d'une expédition qui avait lieu dans le Morbihan. Mais pour celui-ci, là s'arrêta la vie rude, la vie des camps, la vie sans position bien déterminée. Pour celui-là, restait encore le dur métier de chirurgien-marin à bord d'un navire du commerce d'abord, puis de la corvette l'*Hirondelle* et du corsaire le *Bougainville*. Il lui restait aussi à ressentir les douloureux effets d'une horrible catastrophe : un domestique infidèle avait introduit des assassins dans la maison paternelle, et son père et sa mère avaient été lâchement égorgés. Lui restait encore, dans ce temps de guerre, à faire, de 1795 à 1798, un service de nuit et de jour, extrêmement pénible, à l'hôpital de Brest. Cette dure époque devait cependant avoir un terme ; la soif de savoir l'appelait à Paris, où il sembla donner rendez-vous à Laënnec.

Il y vint en 1799, et dès 1800, celui qui devait être comme lui une autorité médicale y accourait. Avec leur goût décidé pour la science, tous deux se précipitent pour en acquérir. L'un suit avec avidité les leçons de Bichat, dont le génie devait bientôt s'éteindre. (A vingt-neuf ans !) Ayant perdu son oracle, il se rejette sur des hommes dont la valeur est presque aussi considérable : sur Chaussier, sur Hallé, sur Corvisart. L'autre, fouille dans Hippocrate et sait extraire des œuvres de ce grand maître tout ce qu'elles renferment de sage, pour le diagnostic de la maladie, pour la conduite du patient, pour l'observation hygiénique. Les sociétés savantes, dont les portes avaient été fermées depuis plusieurs années, commençaient à renaître de leur cendre. Laënnec est pour plusieurs d'entr'elles un des plus beaux ornements, un des coryphés le plus intelligents. Désireux d'observations différentes, avide de pratiques diverses, tous les jours il parcourt le grand triangle qui, partant de l'Hôtel-Dieu, va rejoindre l'hôpital St-Louis pour finir à la Charité. Sa santé débile et chancelante gagnait à cet exercice quotidien, et son esprit s'ornait de faits riches et variés.

A peu de distance l'une de l'autre, la faculté de médecine

de Paris enregistrait deux thèses remarquables qui firent sensation dans le public médical. Les recherches sur la fièvre hectique (1803) étaient de Broussais. Les propositions sur la doctrine médicale d'Hippocrate, relativement à la médecine pratique (1804), étaient de Laënnec.

De ce moment, du moins pour quelques années, nos deux grands médecins suivent une route différente. L'un, (Broussais) après avoir tenté un commencement de clientèle, rue du Bouloy, sur la recommandation de Desgenettes tout puissant à cette époque, prend du service militaire et le voilà qui passe des hôpitaux d'Utrecht dans ceux de Mayence, qui de la Bohême vient en Moravie, puis en Dalmatie, puis dans les gorges de Frioul et de là s'élance dans la péninsule Espagnole, recueillant partout des faits d'autant plus diversifiés qu'il va du Nord au Midi, qu'il s'enfonce dans les vallées ou gravit les montagnes. La guerre, il le dit lui-même, entraîne à sa suite toutes les misères humaines, et ces misères engendrent toutes les maladies. Ni les victoires, ni les insuccès ne l'arrêtent au milieu de ses travaux. Enfermé dans les murs de son hôpital, il ne voit que les désordres enfantés par le miasme, par la privation. Il les recueille ; il les coordonne, et du produit de ses nombreuses observations, il compose son *Histoire des phlegmasies chroniques* qui à elle seule eût suffi pour faire la célébrité d'un homme.

L'autre (Laënnec), resté sur un théâtre moins vaste, mais cependant encore bien riche, s'attache surtout à pénétrer dans les profondeurs de l'anatomie pathologique. Fidèle aux travaux de la société de l'Ecole de Médecine, il lit un savant mémoire sur les vers vésiculaires et sur les maladies, ainsi que sur les altérations organiques auxquelles ils donnent lieu ; il publie dans la bibliothèque médicale, tome XII, page 102, une dissertation sur les mélanoses ; il laisse insérer dans le grand Dictionnaire des Sciences Médicales, divers articles, entr'autres *anatomie pathologique, ascaride, encéphaloïde.* Et je tais ici beaucoup d'autres productions tout aussi inté-

ressantes qu'on trouve dans les journaux médicaux de l'é-
poque.

1814 arrive. Avec cette année revient la paix et aussi l'ac-
tif et laborieux médecin militaire, qui presque aussitôt est
appelé au Val-de-Grâce. De ce moment, il vit sous le même
climat, sous la même constitution atmosphérique et médicale, sous la même impulsion scientifique que Laënnec. Le
nouveau professeur au Val-de-Grâce, dans toute la force de
l'âge, à une stature élevée et à une physionomie heureuse, a
le privilège de joindre une constitution presque athlétique.
Doué d'un esprit éminemment ardent, d'une vivacité extrême,
sans la moindre méchanceté : « Je ne suis point haîneux,
» disait-il, quoique par instant vif et même un peu colère, »
il sent bientôt bouillonner en lui le feu du génie ; il ne tend
à rien moins qu'à se faire chef de parti, qu'à opérer une révolution médicale. Dans ce but, il faut déployer tout ce qu'il y a
en lui d'activité, mettre en œuvre toutes les ressources de son
intelligence, passer ses journées à faire sa clinique, à collec-
tionner des faits, à exposer sa conviction dans des confé-
rences publiques, et la nuit, à coordonner ce qu'il a recueilli
dans le jour, à s'en servir pour appuyer sa doctrine soutenue
dans un journal qu'il crée, et dans des ouvrages substantiels
et compacts. Son émule de travail, qui vient d'être nommé médecin de l'hôpital Necker, est un homme maladif, de très-
petite taille, d'une grande intelligence, d'un esprit froid et
positif, grand partisan de faits bien observés, ennemi surtout
de toute théorie générale. Il ne prend des contentions de
l'esprit que juste ce qu'il faut pour rester sur le pavois et se
tenir à la hauteur de la position et du savoir qu'il a su con-
quérir. Mais il met son amour-propre à être excellent chas-
seur, à être fort en escrime. Lorsqu'on va chez lui, on le
trouve fourbissant ses armes, se livrant à la mécanique.
Cuvier ne voulait pas être seulement un grand naturaliste, il
prétendait qu'il était né pour être administrateur. Girodet,
notre grand peintre, disait qu'il était surtout poète. Laënnec,
tout débile et tout maladif qu'il fut, voulait paraître un Her-
cule.

- Non seulement la conception médicale, mais encore les idées politiques séparaient ces deux hommes puissants. Broussais qui, toute sa vie, avait conservé le douloureux souvenir de son père et de sa mère égorgés par les chouans ; Broussais qui avait assisté sur nos champs de bataille aux triomphes de la grande armée, qui avait connu beaucoup le général Foy en Espagne, et dont il était resté l'ami ; Broussais avait des opinions religieuses et politiques très-avancées, il était du camp de l'opposition, si fort, si hardi, si prestigieux à cette époque de fermentation ; comme médecin il avait la confiance de Casimir Périer et de beaucoup d'autres hommes influents de la même opinion. Laënnec, au contraire, était devenu le médecin de la duchesse de Berry. Sa conversation spirituelle et un peu piquante intéressait beaucoup la princesse, qui se plaisait fort à l'écouter. On répétait qu'il était fort apprécié à la cour. En 1823, au démembrement si impopulaire de la Faculté de médecine, il devenait professeur de clinique. A la mort de Hallé, il le remplaçait au collége de France. Il tenait donc les faveurs, dont il jouissait, du gouvernement ; aussi se gardait-il de se laisser pénétrer sous le rapport des opinions politiques et religieuses. Ce qui faisait dire aux élèves qu'il était congréganiste, tandis que le médecin du Val-de-Grâce était à leurs yeux le citoyen accompli.

Telle était la position de ces deux hommes à la fin de 1825, lorsque je me trouvais à Paris. Avide j'étais de prendre un peu de la science qui débordait de partout. Pour moi comme pour tous les hommes de mon âge, Broussais était un oracle, et dans un esprit prévenu, de critique même peut-être, je voulais cependant me rendre compte des efforts que pouvait faire le petit Laënnec, comme nous l'appelions, pour combattre le terrible athlète du Val-de-Grâce. Je partageai donc mon temps entre ces deux professeurs, et si à une heure de l'après-midi je prenais des notes au collége de France, le soir à sept heures, je copiais, dans une sorte de ravissement, la substance du cours de la rue des Grès.

Rue des Grès, dans une sorte de magasin en planches,

bien enfumé, éclairé à peine par quelques quinquets, est un grand nombre de bancs envahis de bonne heure par des gens, jeunes pour la plupart, auxquels se joignent d'autres d'un âge plus mûr. Au bas de l'estrade est une table recouverte d'un tapis vert, sur laquelle se trouve une lampe, et d'un côté de la table, en face des auditeurs, un fauteuil entouré à droite et à gauche de plusieurs chaises. A sept heures, lorsque quelque signe précurseur annonce l'arrivée du bouillant réformateur, les bancs si bruyants auparavant deviennent tout-à-coup silencieux, et de chaleureux applaudissements ont lieu, lorsqu'il franchit le seuil de la porte. Il s'avance enveloppé dans un lourd vêtement, généralement de couleur bleue, ayant sur la tête une toque noire recouvrant des cheveux grisonnants, qui commencent à n'être plus abondants. Il est suivi du docteur Treuil, médecin du corps des Sapeurs-Pompiers de Paris; de Sarlandière, le vulgarisateur en France, de l'acupuncture et de l'électro-puncture; de Capuron, dont les ouvrages sur les accouchements et sur les maladies des femmes sont encore si appréciés aujourd'hui, et qui a légué une partie de sa fortune pour fonder des prix au grand avantage de la science; quelquefois d'Adelon, devenu depuis professeur à la Faculté, et toujours de plusieurs hommes à moustaches et à redingottes boutonnées qui m'étaient inconnus, mais qui, dans mon appréciation, étaient des médecins militaires. Broussais s'assied. On ne peut dire qu'il soit précisément éloquent, il lit ses leçons et son débit est parfois embarrassé. Mais lorsque dans le cours de sa lecture, il lui arrive, ce qui a lieu à tout instant, que certaines propositions émises par lui ont eu à subir de nombreuses contradictions, il abandonne alors son cahier, sa voix vibre et devient sonore, on l'entend souvent hors de l'enceinte; ses yeux s'animent, on en voit sortir par dessus ses lunettes à verres azurés qui restent toujours accrochés sur le cartilage du nez, le feu du génie et de la conviction. Ce n'est plus alors un simple professeur dictant ses leçons, c'est un maître, c'est un tribun, c'est un dictateur qui entraîne les volontés, qui commande l'enthousiasme.

Un soir, on avait étalé sur la table, comme cela arrivait quelquefois, des pièces d'autopsie, dans l'intention de prouver les assertions du maître. Ce soir donc se trouvait en face du professeur tout un système de vaisseaux artériels, dont la tunique interne était visiblement injectée. « Cette forte et » manifeste injection, dira-t-on qu'elle est encore le résultat » de la stase du sang, au moment de l'agonie ou après la » mort? » dit Broussais d'une voix véhémente, en fixant ses yeux flamboyants sur un jeune homme qui prenait attentivement des notes, et qui, quelques jours auparavant, avait attaqué dans un journal très-répandu la doctrine physiologique au sujet de l'injection de la tunique artérielle interne. Ce jeune homme débutait dans la carrière, c'était un travailleur infatigable, il devint depuis un professeur illustre, une des grandes autorités chirurgicales de l'époque : c'était Velpeau. « *Oculos habent et non vident*, ajoute le grand » réformateur en s'animant de plus en plus, et arrivé enfin au » paroxisme de la conviction énthousiaste. Le messie de la » science est arrivé, s'écrie-t-il d'une voix retentissante, et » les aveugles et les malheureux ne l'aperçoivent pas. » Un tonnerre d'applaudissements accueillit ces paroles.

C'était toujours au milieu d'une de ces sorties qu'il levait la séance, alors de nombreuses et vives acclamations s'élevaient et l'accompagnaient jusque dans la rue. Lui arrivait-il en sortant de passer vis-à-vis le palais de l'école pour rejoindre son domicile qui était rue Saint-Jacques, plein encore de son émotion qu'il savait si bien faire partager au nombreux entourage qui ne le quittait qu'à la porte de sa demeure, souvent il lui arriva d'élever le poing comme pour protester, et, nouvel Ajax, de paraître défier les dieux..... de la Faculté.

Le lendemain, à une heure, arrivait dans la cour du collége de France, un cabriolet. (En ce temps-là, la généralité des médecins, même Boyer, même Dupuytren, se contentait du cabriolet). En descendait un petit homme bien maigre, affublé d'un large manteau qui recouvrait un vêtement com-

plétement noir, portant encore la culotte courte et la tête
surmontée d'un chapeau à larges bords. Il montait dans sa
chaire, en face d'une quarantaine d'auditeurs tout au plus,
mais auditeurs de choix, hommes d'études, et dont l'attention n'était jamais en faute. Aussi lui, il commençait par lire
le sujet qu'il devait traiter, mais s'en écartant souvent pour
citer des observations, pour raconter avec originalité quelques
anecdotes médicales, pour se livrer à quelques saillies, pour
décocher quelques traits à l'endroit de la doctrine physiologique à laquelle il contestait ce titre. Son ton devenait bientôt
acéré et ironique, et ses yeux lançaient des éclairs parfaitement sensibles, même au travers des lunettes montées en
écailles qu'il portait toujours devant les yeux. Le sourire
général accueillait ses paroles piquantes. A la fin de la leçon
on n'applaudissait pas au cours charmant et éminemment
instructif auquel on venait d'assister, mais on se promettait
bien d'y revenir.

Rue des Grès, l'irritation est la cause de toute maladie. —
Seuls, les solides sont susceptibles de devenir malades. — Aussitôt que l'irritation locale s'élève à un certain degré, elle se
répète dans d'autres systèmes ou dans d'autres appareils plus
ou moins éloignés. — Plus la sensibilité de l'organe irrité et
celle de l'individu sont considérables, plus les sympathies
sont multipliées. — De tous les organes, l'estomac et le duodé-
num étant le plus accessibles à l'action des agents extérieurs sont aussi ceux qui sont le plus souvent atteints par
l'irritation. — Les sympathies de l'estomac sur le cœur et sur le
cerveau étant de tous les instants, il s'en suit que l'irritation
de l'estomac réagit d'une manière morbide sur le cerveau et
sur le cœur. — L'inflammation de l'encéphale est plus souvent
l'effet sympathique des inflammations de l'estomac que leur
cause. — L'inflammation altère toujours les fluides de la partie enflammée, et quelquefois la masse entière des humeurs. —
L'inflammation laisse souvent à sa suite un mode d'irritation
qui porte un nom différent du sien, et produit une cacochy-
nise que l'on a crue essentielle. — La fièvre n'est jamais que le
résultat d'une irritation de cœur primitive ou sympathique.

—Toute irritation assez intense pour produire la fièvre, est une des nuances de l'inflammation. — L'inflammation de la membrane muqueuse de l'estomac s'appelle *gastrite* ; mais elle n'est jamais vérifiée sur le cadavre qu'avec celle de la membrane muqueuse des intestins grêles. Il vaut donc mieux lui donner le nom de *gastro-entérite*. — Toutes les fièvres essentielles des auteurs se rapportent à la gastro-entérite simple ou compliquée. — La plupart des dyspepsies, gastrodynies, gastralgies, pyrosis, cardialgies et toutes les boulimies sont l'effet d'une gastro-entérite chronique. — Point de tubercules de poumon sans une inflammation antécédente. — Les granulations cartilagineuses, osseuses, calcaires ; les mélanoses, les squirrhes, les encéphaloïdes, les cancers du poumon sont des productions engendrées de la même manière que les tubercules ordinaires. — Les scrofules sont des irritations des tissus extérieurs où prédomine la partie albumineuse du sang. — Les névroses actives et passives ont le plus souvent pour cause une phlegmasie située dans l'appareil cérébral ou dans les autres viscères. — Les fièvres intermittentes et remittentes sont des gastro-entérites périodiques. — La plupart des poisons végétaux et animaux tuent par la gastro-entérite qu'ils déterminent. — La débilité est souvent le produit de l'irritation, et quelquefois constitue seule la maladie. — Pour pratiquer la médecine avec succès, il ne suffit pas de rapporter les symptômes à des organes, il faut encore déterminer en quoi ces organes diffèrent de l'état de santé, c'est-à-dire la nature de la maladie.

Au collége de France tout autre langage exprimé avec la même conviction : les éléments des maladies sont très-nombreux, les liquides comme les solides ont leurs altérations propres. — De toutes les maladies locales, les affections des organes contenus dans la cavité thoracique sont, sans contredit, les plus fréquentes. — Le cœur et les poumons forment avec le cerveau, suivant l'expression de Bordeu, le *trépied* de la vie, et aucun de ces viscères ne peut être altéré d'une manière un peu forte ou étendue, sans qu'il y ait péril de mort. — La formation des tubercules, des cancers et des autres productions

accidentelles peut être attribuée à une perversion d'action,
mais ne doit point être attribuée à une irritation. — Certains
poisons minéraux, comme certains acides fermentés, comme
les boissons alcooliques, comme les différents narcotiques,
la syphilis, le scorbut, la goutte, l'hypochondrie invétérés,
etc., donnent souvent lieu à des affections du système cérébral ou rachidien (rachialgies). — La texture de nos organes
peut être altérée de quatre manières différentes, savoir :
1° par simple solution de continuité, comme dans les plaies
et les fractures ; 2° par l'accumulation ou l'extravasation d'un
liquide naturel, comme dans l'anasarque, l'apoplexie, les
tumeurs graisseuses ; 3° par l'inflammation et ses suites ;
4° par le développement accidentel d'un tissu ou d'une ma-
tière qui n'existait point avant l'état de maladie, comme
les tissus squirrheux, tuberculeux, osseux, accidentels, etc.

Mais il ne suffisait pas d'assister aux cours de ces deux
hommes éminents, il fallait encore les suivre dans leurs hôpitaux respectifs. A sept heures du matin en été, à huit heures
en hiver, Broussais arrivait dans ses salles de militaires où
l'attendait un grand nombre d'élèves et même de praticiens,
la plupart étrangers. Avec une grande clarté, avec un grand
soin il interrogeait ses malades, les palpant et les auscultant
avec beaucoup d'attention, se servant avec eux, avec une
lumineuse adresse, lorsque cela était nécessaire, du sthé-
toscope inventé par son émule. Celui qui s'était écrié « faites-
moi comprendre le cri confus des organes souffrants. »
Celui-là, dis-je, ne pouvait méconnaître les bienfaits de
l'auscultation. Par esprit systématique, il ne lui accordait
peut-être pas tout ce qu'elle pouvait rendre et tout ce qu'on
attendait d'elle à cette époque. Mais c'est à tort qu'on a dit
depuis, (Rapport sur les progrès de la médecine en France,
par MM. Béclard et Axenfeld, 1867,) qu'il la repoussait avec
ironie. Afin d'étudier son diagnostic, aucun détail ne lui
échappait, car il l'avait dit : « Ce n'est point dans les livres,
mais au lit du malade qu'il faut vérifier les faits. » De temps
en temps, il interrompait son examen pour, avec sa verve
ordinaire, faire apprécier les symptômes au point de vue de

sa doctrine. C'était surtout à la salle de dissection qu'il était superbe, lorsque l'autopsie venait confirmer la vérité de son diagnostic. « Où sont-ils, s'écriait-il d'une voix tonnante, » ces ontologistes enragés, qu'ils viennent et que j'assiste » à leur confusion. Oseront-ils dire encore que cette forte » injection, produit manifeste de l'inflammation, est sim- » plement une suffusion accidentelle, un résultat cadavé- » rique. »

Laënnec, qui était constamment souffreteux, n'était pas matinal. Vers dix heures seulement il arrivait à sa clinique de l'hôpital de la Charité, c'était l'heure des cours de la Faculté. Peu d'élèves pouvaient donc assister à sa leçon. Il était généralement accompagné du docteur Chomel, qui depuis devint professeur à la Faculté, médecin du roi Louis-Philippe, et eut une célébrité si bien méritée, et du docteur Miquel, qui fut le fondateur du *Bulletin de Thérapeutique*. Outre les quelques élèves attachés à l'hôpital, qui étaient fidèles à cette visite, on rencontrait également là un grand nombre de médecins étrangers, qui venaient à cette clinique étudier l'auscultation. Car Laënnec était le père de l'auscultation. Pendant quatre années, ce père laborieux et vigilant avait soigné et ménagé sa fille, sans l'avoir produite au monde. Mais lorsqu'il se fut convaincu qu'au moyen de l'auscultation, soit par l'oreille appliquée à nu sur la poitrine, soit au moyen d'un instrument de sa façon, dont la propriété est de repercuter le son, et qu'il appela stéthoscope, on faisait parler la poitrine du patient, qu'on en extrayait divers sons qui dénotaient autant d'affections différentes, il se livra tout entier au succès de sa découverte, découverte immense pour le diagnostic des maladies du thorax, qui valut à son inventeur un immense honneur et un gage assuré pour passer à la postérité.

Toutefois cette postérité restera étonnée, ébahie, lorsque voulant tout admirer en ces deux grands génies, elle lira dans l'ouvrage de l'un : « Laënnec, avant tout, veut passer » pour inventeur, ensuite il fait tous ses efforts pour dissi-

» muler le profit qu'il a tiré des critiques que l'on a faites de
» son ouvrage..... Enfin, ses plus constants efforts ont pour
» but de déprécier en tout point la doctrine physiologique,
» et de ne pas même faire à ses auteurs la concession du
» plus léger sens commun. »

Et dans celui de l'autre : « Je conseille à Broussais d'a-
» bandonner ce ton de supériorité, qui sied peu quand
» on parle à ses pairs, ces expressions figurées ou polémi-
» ques peu propres à convaincre des esprits refroidis par la
» culture sérieuse des sciences physiques, d'attacher moins
» d'importance à des mots qui n'ont de valeur et de sens que
» celui qu'on leur donne par une bonne définition ; de cher-
» cher un juste milieu entre mes longues descriptions ana-
» tomiques et ses courtes observations..... Et alors, je crois,
» comme lui que nos manières de voir commenceront à se
» rapprocher. »

Malheureux esprit de prévention et de rivalité, s'écriera le
lecteur ; ces deux hommes, comme l'a si judicieusement dit
M. Dubois d'Amiens, étaient cependant nés pour se compléter
l'un par l'autre. Broussais était peut-être un plus vigoureux
penseur, Laënnec un plus puissant observateur.

Si les hommes qui meurent jeunes sont les bien aimés des
dieux, comme le voulaient les anciens ; c'est surtout quand
ils quittent ce monde dans tout leur éclat et dans toute la
splendeur de leurs talents. A cet égard, Laënnec n'eut rien
à désirer. Il mourut en 1826, âgé de 45 ans, dans toute sa
gloire, et cette gloire s'est perpétuée, sans le moindre nuage,
sans la moindre altération jusqu'à nos jours. Broussais fut
moins heureux. Arrivé après 1830, au faîte de la fortune, des
honneurs et de la renommée, placé à la Faculté dans la chaire
de pathologie générale, il vit le nombre de ses auditeurs considé-
rablement diminué. Pourquoi ? c'est parce que son rôle d'agita--
teur était fini, c'est qu'il ne pouvait plus imposer à une opposition qui avait cessé d'être. Il n'était point dans son caractère
d'accepter une position, même plus qu'ordinaire. Son orga-

nisation trop bouillante ne la tolérait pas. Il lui fallait la foule, du bruit, des clameurs, des applaudissements. Déjà, depuis quelques années, il s'était pris corps à corps avec les soutiens éloquents et puissants du kanto-platonisme très en honneur en ce moment. Broussais avait rompu plus d'une lance avec eux, et souvent il était sorti de la lutte, sinon complétement victorieux, du moins avec un grand éclat. Ses adversaires qui reconnaissaient toute sa vigueur l'avaient appelé à eux au sein de l'académie des sciences morales et politiques. Mais le dôme de l'Institut n'était pas assez élevé, ni assez sonore pour la voix tonnante du grand agitateur. Il lui fallait celui de l'amphithéâtre de l'école de médecine. Il convia le public à venir entendre ses idées sur la nature de l'âme. « A ma première leçon, écrivait-il, afflux
» immense; à la deuxième pire encore; à la troisième bien
» pire encore : les portes sont brisées comme si elles étaient
» de verre; plus, rupture de la grille de l'enceinte réservée,
» qui n'est pas de bois comme celle de mes poules, mais de
» bel et bon fer; enfin, pression telle, que je risque d'étouffer
» pour arriver à ma chaire. »

L'enthousiasme allait renaître, le cœur de l'éminent professeur allait être gonflé de nouveau. Mais des restrictions furent imposées, par l'autorité, au programme de ce cours. jugé trop brûlant. L'illustre réformateur se retira alors sous sa tente, où vint bientôt le saisir la maladie qui le conduisit au tombeau, le 16 novembre 1838. Avant sa mort, quel dût être son désespoir, en assistant, lui encore vivant, à la réaction indispensable qui suit toute grande révolution politique, sociale ou scientifique. Le mouvement avait été impétueux et prompt, la réaction fut longue et cruelle. Longtemps après sa mort, à peine osait-on prononcer le nom de Broussais, ou si on l'osait, ce n'était que pour décocher quelques flèches perfides, qu'on savait bien que le terrible athlète ne pouvait plus relever. Encore aujourd'hui, cette réaction n'est point complètement apaisée. Mais déjà, dans un coin de l'horizon, apparaît une trainée de lumière (1) qui gagne de proche en proche, apportant avec elle la confirmation de certains principes de la doctrine physiologique. Encore quelque temps, et beaucoup de ces principes reprendront leur éclat,

---

(1) Ecoutons d'abord le D⟨r⟩ Pidoux s'exprimant ainsi devant l'Académie Impériale de Médecine, dans sa séance du 10 Décembre 1867 : « Laënnec s'est tellement prononcé contre la part que les causes exter-
» nes peuvent prendre à la phthisie, il a tellement posé le tubercule
» comme un parasite, une espèce d'entozoaire sans autre raison d'être
» que son existence même, et dont il est inutile de rechercher l'étio-
» logie, que les partisans d'un virus tuberculeux le revendiquent
» maintenant comme un des leurs. Cela n'est pas flatteur pour Laën-
» nec, qui repoussait, comme on le sait, la contagion de la phthisie
» et implicitement sa spécificité, et pourtant je dois dire qu'il a mérité
» ce triste honneur par son scepticisme à l'endroit des causes et des
» remèdes de la phthisie tuberculeuse. On ne comprend pas qu'il ait
» méconnu l'influence funeste des milieux au sein desquels se forment
» si visiblement les phthisies acquises. De son temps, il est vrai, les
» esprits n'étaient pas tournés vers la médecine proprement dite. On
» était avide d'anatomie morbide et de précision diagnostique. Et puis,
» il fallait bien résister à Broussais, médecin physiologiste et philoso-
» phe, plus préoccupé que Laënnec de la santé humaine et de la ma-
» ladie, de la maladie considérée non comme un objet d'histoire natu-
» relle, mais comme un mal ; à Broussais constamment attentif, moins
» à diagnostiquer les faits accomplis qu'à saisir dans le jeu des pro-
» priétés essentielles des corps organisés, récemment découvertes, le
» principe de leurs déviations et de leurs hétérogénies, le principe du
» passage de la santé à la maladie, pour empêcher celle-ci de se dé-
» velopper ou pour la combattre. Que m'importent les erreurs ! . . . . .
» Broussais a *désontologisé* les maladies, même cette phthisie dont on
» voulait nous refaire un être ; il les a attachés aux organes et aux
» tissus. C'est en suivant sa méthode, en scrutant les organes que nous
» avons redressé ses écarts. Sans lui nous n'aurions pas eu cet hon-
» neur. En suivant ses idées sur les causes de l'espèce de phthisie
» acquise, on aurait fait davantage pour sa prophylaxie qu'avec l'onto-
» logie et le fatalisme de Laënnec, j'ose l'affirmer ; on aurait même fait
» davantage pour la médecine préventive de la phthisie développée par
» le fait de causes internes ou pathologiques. »
Ajoutons à cette opinion du docteur Pidoux, celle du docteur Barth, dans son discours sur la tuberculose, à l'Académie impériale de médecine, (séance du 24 mars 1868). « Est-ce à dire que nous regardons
» la phlegmasie comme absolument étrangère à la tuberculose ; que

car la lumière (et il y en avait dans la doctrine du professeur
du Val-de-Grâce) ne peut toujours rester sous le boisseau.
Le 15 août prochain, la ville de Quimper inaugurera solen-
nellement (et c'est grande justice !) la statue de Laënnec,

» nous repoussons l'intervention de tout élément inflammatoire dans
» l'évolution et les diverses phases de la phthisie pulmonaire. Assuré-
» ment non ! Nous admettons, dans certains cas, l'influence de phleg-
» masies antérieures comme pouvant favoriser le développement ulté-
» rieur de la tuberculose ; mais nous soutenons que ce n'est pas le cas
» le plus habituel, et que la phthisie reconnaît le plus souvent d'autres
» causes. »

Il y a six ans seulement, eût-on osé soutenir publiquement cette
opinion de Broussais, tout-à-fait contraire à celle de Laënnec.

Terminons enfin par une dernière citation. Laënnec avait dit :
« Avant que les caractères et la marche du développement des tuber-
» cules fussent bien connus, et lorsque l'on attribuait généralement la
» phthisie à une inflammation chronique et à une suppuration lente du
» tissu pulmonaire, les médecins ne doutaient pas plus que le public ne
» doute encore de la possibilité de guérir par un traitement convenable
» la phthisie pulmonaire, surtout lorsqu'on s'y prend à temps, et lorsque
» la maladie est au premier degré. M. *Broussais* se flatte encore du
» même espoir. Presque tous les hommes de l'art, qui sont au courant
» des progrès récents de l'anatomie pathologique, pensent au contraire
» aujourd'hui, que l'affection tuberculeuse est comme les affections
» cancéreuses, absolument incurable, parce que la nature ne fait que
» des efforts contraires à la guérison, et que l'art ne peut en faire que
» d'inutiles. »

À cette sentence magistrale et bien trop exclusive, M. le docteur
Hérard oppose : « Je proteste contre cette muette contemplation de la
» mort. J'ai foi en la curabilité de la phthisie à toutes les époques de
» son évolution, surtout aux premières périodes. Cette foi m'est donnée
» non pas seulement par les faits cliniques que j'ai été à même d'ob-
» server, mais encore par la conception de la maladie à laquelle je ne
» me suis rattaché qu'après de longues et consciencieuses études ;
» conception qui en me montrant l'inflammation pulmonaire comme
» un des éléments importants de la lésion anatomique, me fait com-
» prendre, en même temps, l'utilité des moyens thérapeutiques internes
» et externes, médicamenteux et hygiéniques, capables de modifier
» avantageusement les pneumonies tuberculeuses, si fréquemment
» associées aux granulations, et de concourir ainsi à l'enrayement, à la
» guérison même de la phthisie pulmonaire. » (Discussion sur la tuberculose. Académie de médecine, séance du 31 mars 1868)

produit d'une souscription publique. Dans quelques années,
à n'en pouvoir douter, la reproduction de celle de Broussais,
qui existe dans l'enceinte du Val-de-Grâce, sur le théâtre
même de sa gloire, aura lieu avec non moins d'éclat sur
une des places de la ville de Saint-Malo.

Havre— Imp. Lepelletier